Hallo liebe Malfreunde,

in diesem Buch finden sie
36 einseitig bedruckte Bögen mit
Rock n Roll - Ausmalmotiven
in einer Art Tattoostil.

Auf den Seiten 2 bis 5 sehen sie eine Galerie
mit bereits ausgemalten Motiven
in verkleinerter Form - als Beispiel zur
Anregung oder Orientierung.

Ich wünsche ihnen viel Spass und Entspannung
beim Ausmalen meiner Motive.

Mit besten Grüssen
Mirko Krajewski

Seite 7

Seite 9

Seite 11

Seite 13

Seite 15

Seite 17

Seite 19

Seite 21

Seite 23

Seite 25     Seite 27     Seite 29

Seite 31     Seite 33     Seite 35

Seite 37     Seite 39     Seite 41

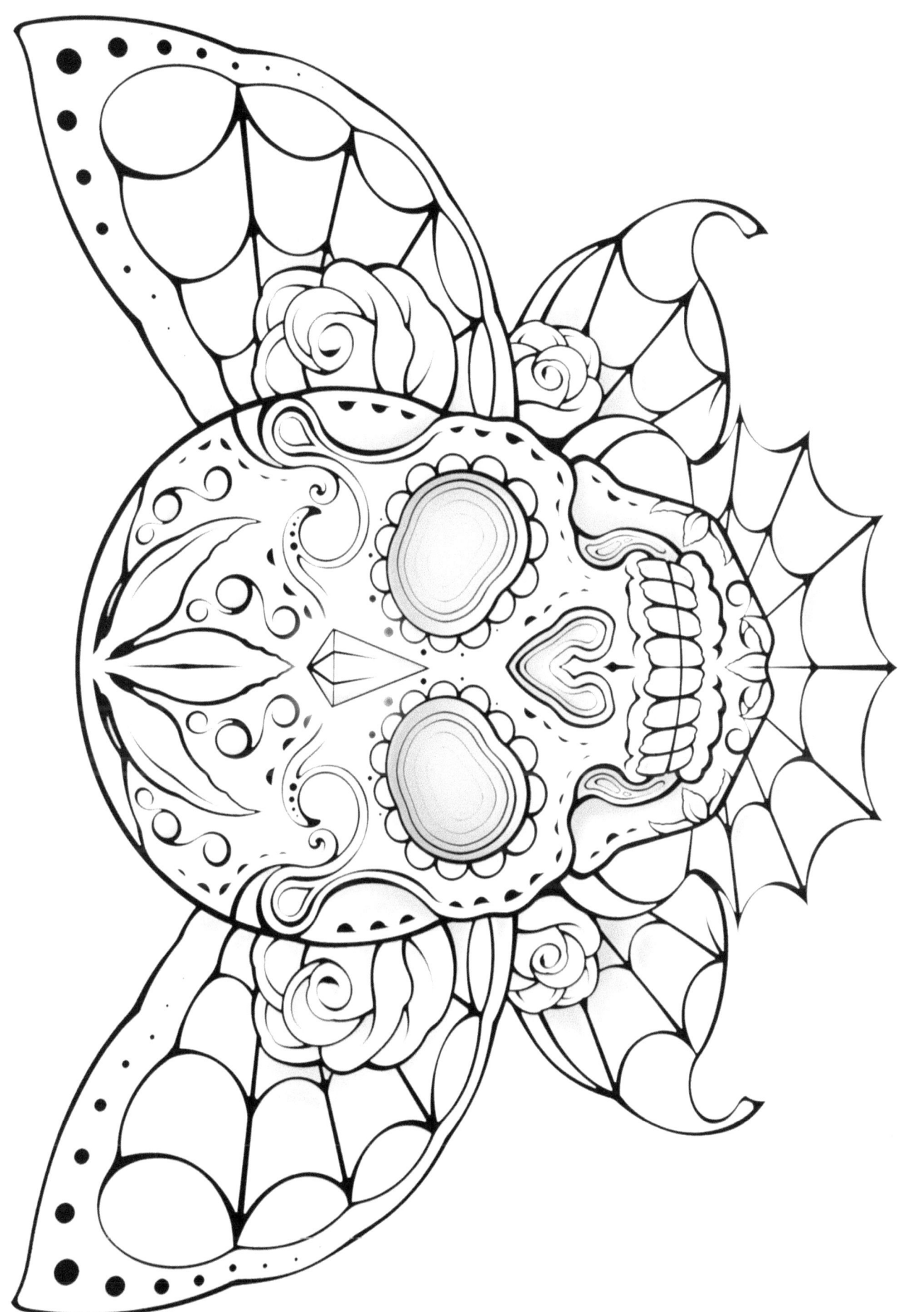

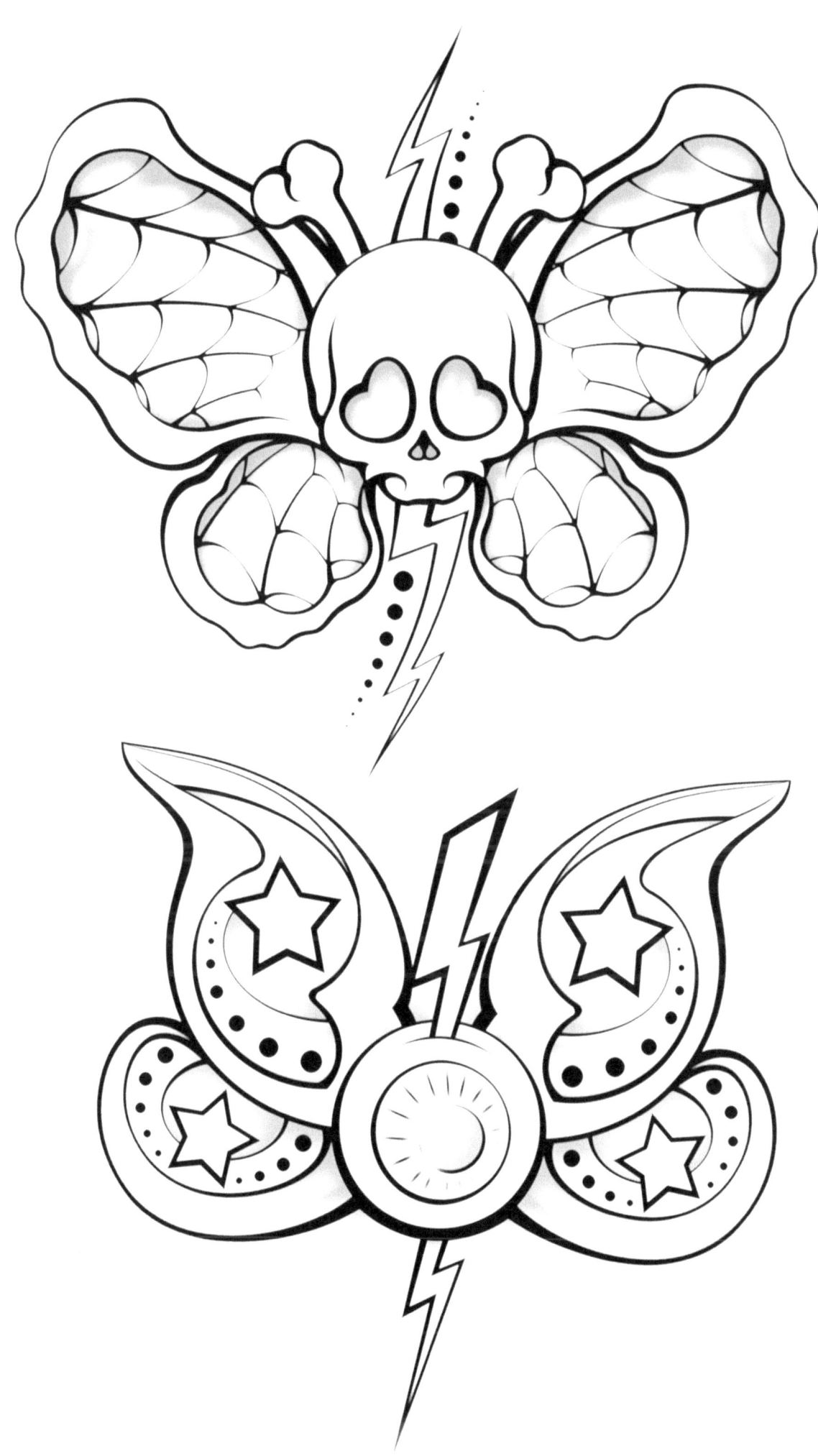

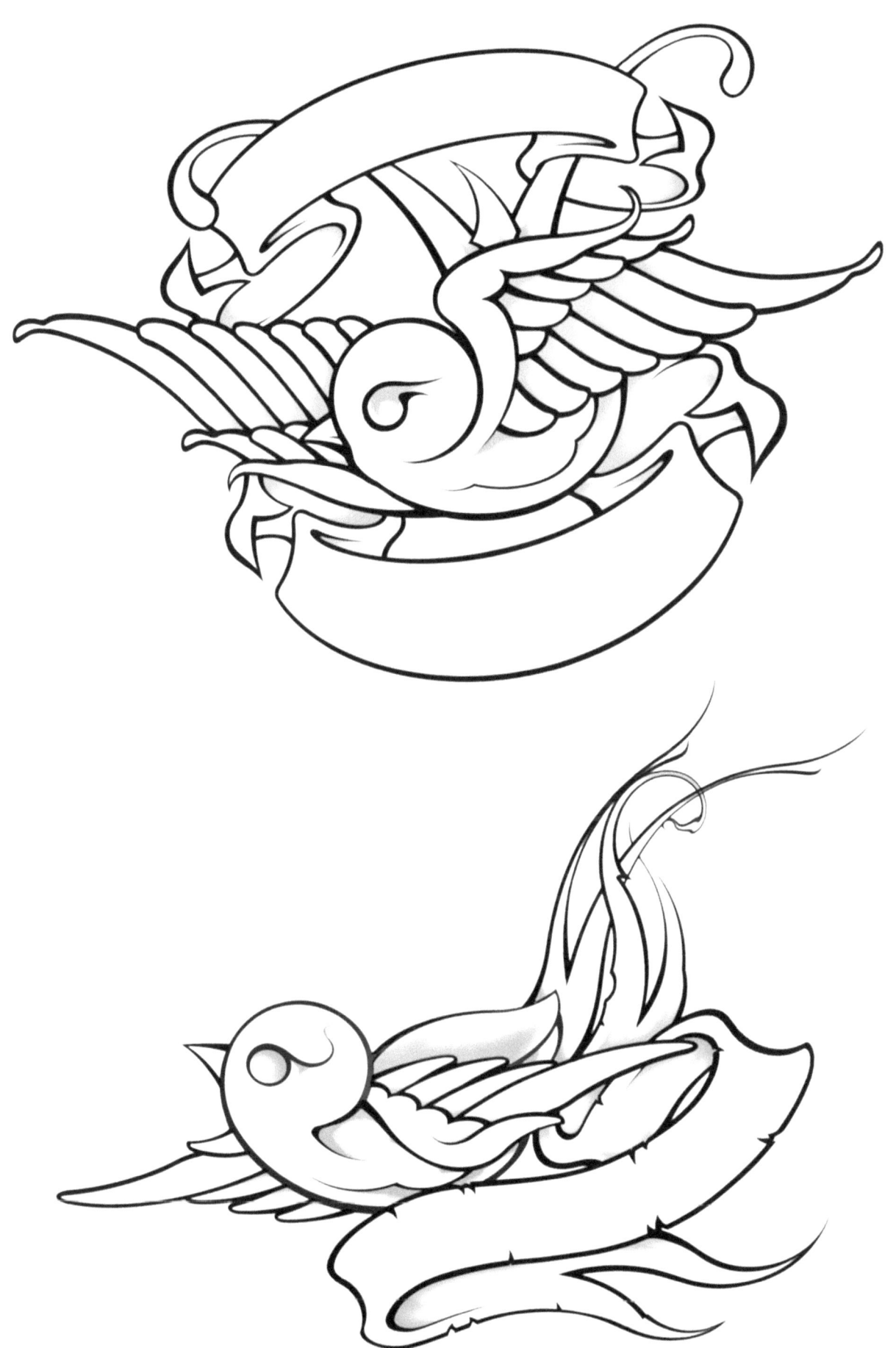

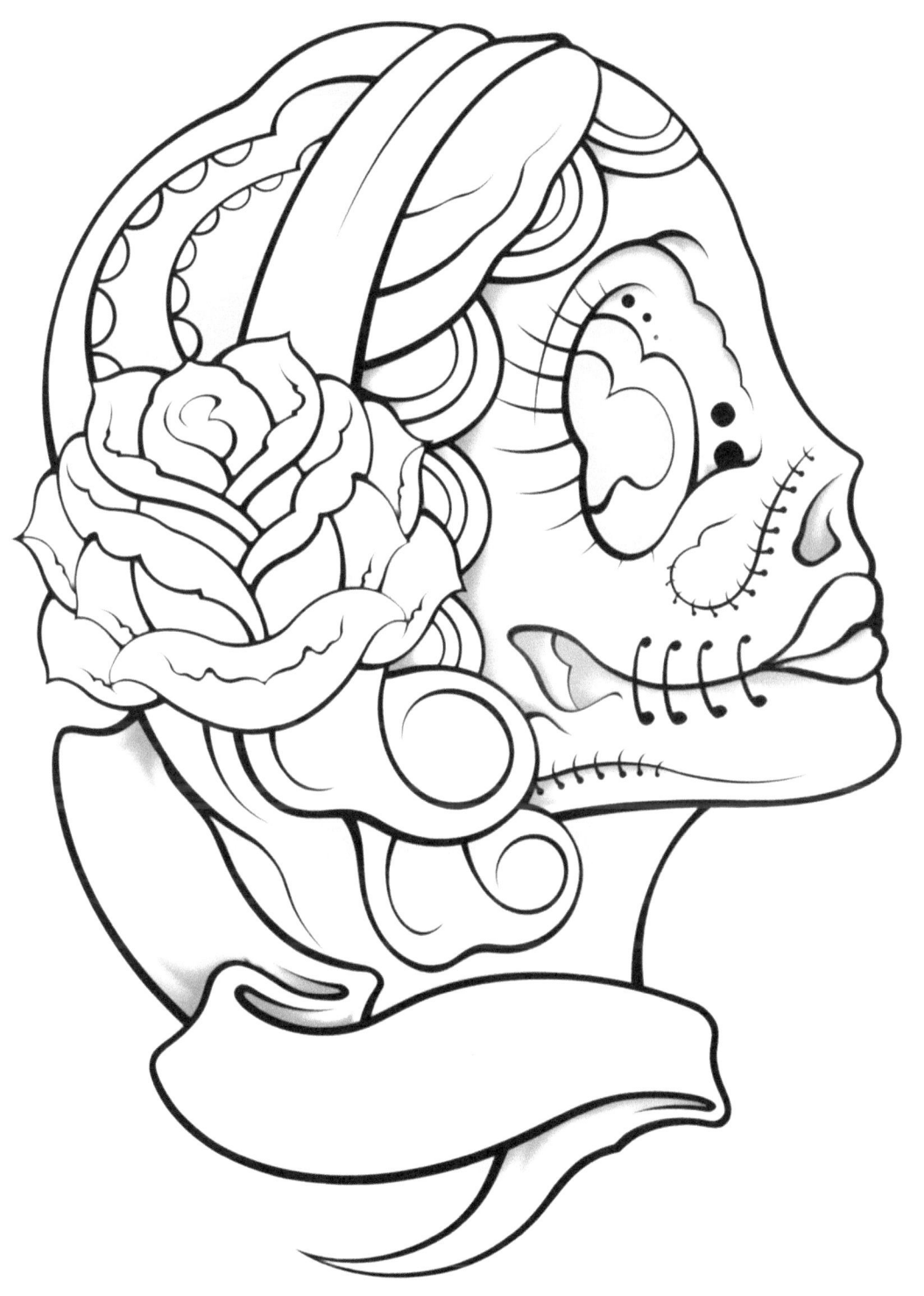

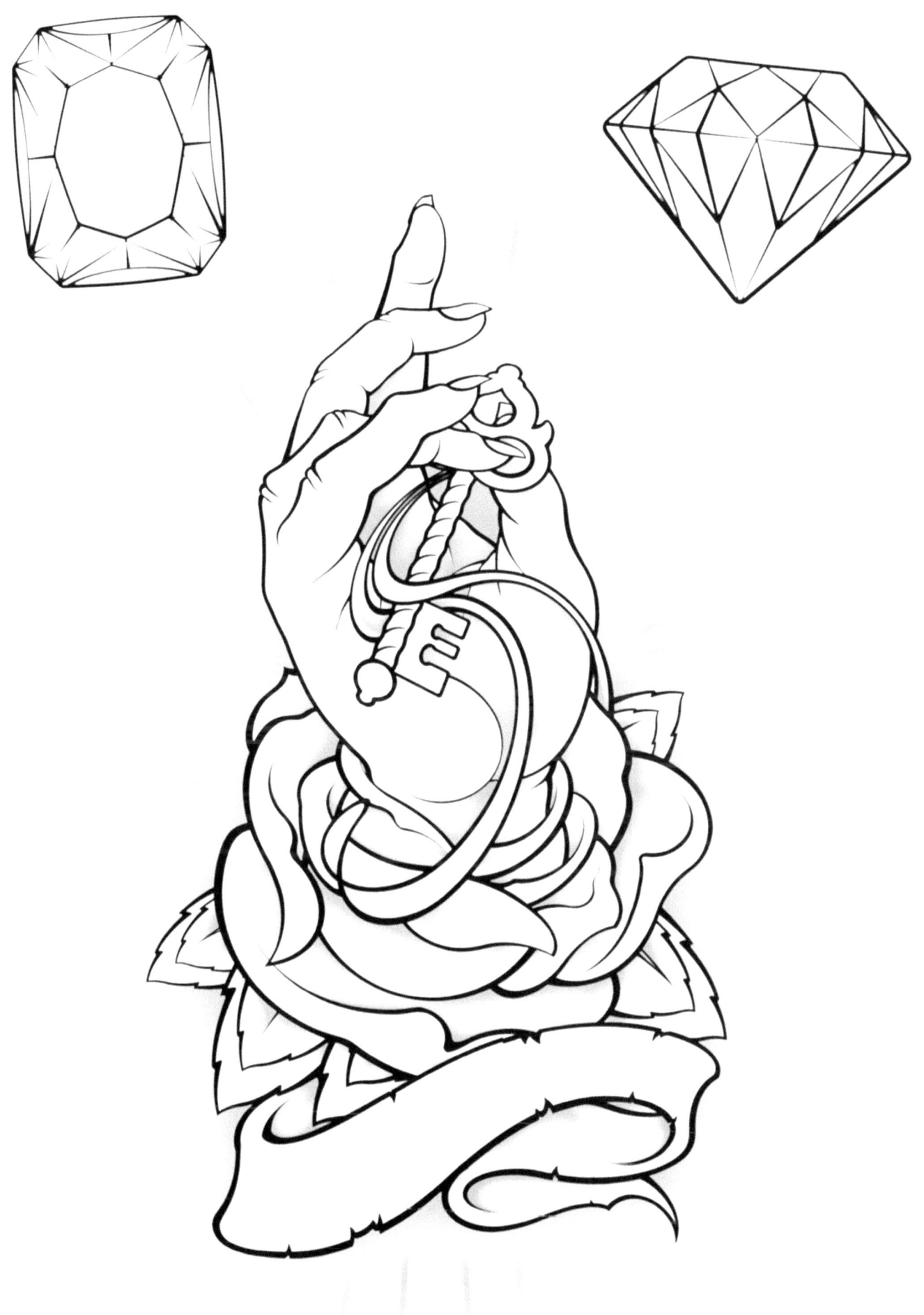

Tattoodesign Krajewski
Mirko Krajewski
mirko-flash@gmx.de
© Alle Rechte gesichert

**Ausmalbuch #Tiere#**

Japanische Kois, Frösche, Schmetterlinge, Raubkatzen, Echsen u.s.w.

ISBN : 9783743154094

**Ausmalbuch #Mandalas#**

Mandalas, Mandalas, Mandalas …

ISBN : 9783743140356

**Ausmalbuch #Ornamente#**

Rokoko, Jugendstil, Quallen, Blumen u.s.w.

ISBN : 9783743154124

Herstellung und Verlag:
BoD - Books on Demand, Norderstedt
ISBN 978-3-7431-5413-1